¿Sabes algo sobre insectos?

Buffy Silverman

ediciones Lerner • Minneapolis

A mi médico de bichos, Jeff, con amor

La edición en español fue realizada por un equipo de traductores nativos de español de transperfect.com, empresa mundial dedicada a la traducción.

ediciones Lerner
Una división de Lerner Publishing Group, Inc.
241 First Avenue North
Minneapolis, MN 55401 EUA

Dirección de Internet: www.lernerbooks.com

Library of Congress Cataloging-in-Publication Data

Silverman, Buffy.
  [Do you know about insects? Spanish]
  ¿Sabes algo sobre insectos? / por Buffy Silverman.
    p. cm. — (Libros rayo - conoce los grupos de animals)
  Includes index.
  ISBN 978-0-7613-9335-1 (lib. bdg : alk. paper)
  ISBN 978-0-7613-9373-3 (EB pdfp)
  1. Insects—Juvenile literature. I. Title.
QL467.2.S5418 2013
595.7—dc23   2011050736

Fabricado en los Estados Unidos de América
2 - 41276 - 12734 - 5/19/2017

Contenido

Los insectos tienen seis patas

Una mariposa luna despliega sus alas. Vuela durante la noche. Una pulga pequeña salta sobre un perro. Chupa sangre. Las mariposas luna y las pulgas son insectos. El escarabajo también es un insecto.

¿Cómo puedes diferenciarlos?

Los insectos son animales con seis patas.

Cuenta las patas de las libélulas. ¿Es un insecto?

El cuerpo de los insectos

El cuerpo de los insectos tiene una cubierta exterior rígida llamada exoesqueleto. Protege su cuerpo. El cuerpo de un insecto adulto tiene tres partes principales.

La cabeza se encuentra adelante.
El tórax está en el medio.
El abdomen está al final.

¿Puedes ver las tres partes principales del cuerpo de esta avispa adulta?

La mantis religiosa tiene ojos enormes en su cabeza. Observa cómo se arrastra una oruga. ¡Cuidado!

La mantis religiosa se come la oruga.

El saltamontes mueve las largas y delgadas antenas de su cabeza. Siente y huele con sus antenas.

El saltamontes mueve las antenas.

Las alas y patas de un insecto
están en su tórax. Los insectos
usan sus alas y patas para
moverse.

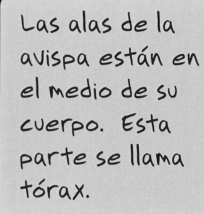

Las alas de la
avispa están en
el medio de su
cuerpo. Esta
parte se llama
tórax.

El tórax del saltahojas
parece una espina.
Ayuda al insecto saltarín
a esconderse en
el tallo de una
planta.

Los insectos respiran por medio de aberturas a lo largo del tórax y el abdomen.

¿Ves pequeñas aberturas en el cuerpo de este grillo? Los insectos respiran a través de estas aberturas.

La comida que come un insecto se deshace en el abdomen.

¡Cuidado con el aguijón de la abeja!

Está en el extremo de su abdomen. Las abejas de miel pican para mantener alejados a otros animales de sus colmenas.

Esta abeja está a punto de picar a alguien.

Cómo crecen los insectos

Los insectos empiezan su vida como huevos. **El grillo del matorral pone huevos a través de un tubo en su abdomen.**

Este grillo hoja está poniendo huevos en un leño.

Las hormigas cuidan los huevos en un nido bajo la tierra.

La chinche de agua gigante pone huevos en la espalda de su compañero. Él lleva los huevos hasta que se abren.

Las ninfas salen de los huevos de las chinches de agua. Las ninfas se parecen a sus padres. Pero no tienen alas.

Esta ninfa de libélula vive en un estanque. No tiene alas. Pero puede arrastrarse bajo el agua.

Las ninfas de grillo saltan en el campo. Comen muchas plantas. Las ninfas siguen creciendo.

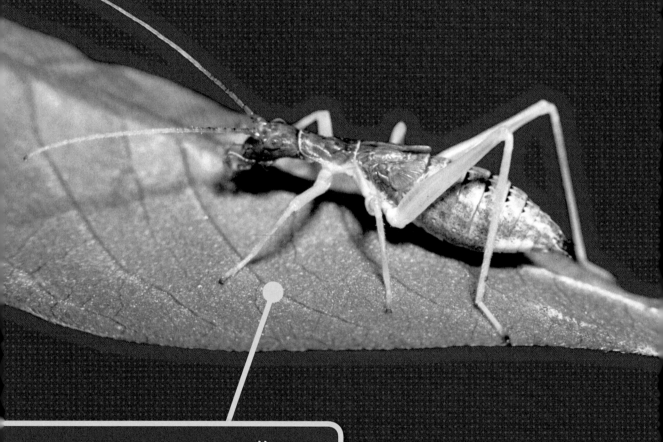

Una ninfa de grillo de árbol nevado come plantas para crecer.

Pero los exoesqueletos de la ninfa no crecen. Las ninfas cambian sus exoesqueletos y les crecen exoesqueletos nuevos. Se convierten en adultas.

Las ninfas de grillo se despojan de su revestimiento exterior siete veces o más.

19

Muchos insectos crecen de distintas maneras. Parecen gusanos cuando salen del cascarón. Se llaman larvas.

Estas larvas crecen en un nido hecho con cera. Crecerán hasta convertirse en abejorros.

Los insectos ponen huevos en lugares donde sus larvas encontrarán comida.

Una mariquita pone huevos sobre una hoja. Pronto las larvas saldrán de los huevos. Las larvas cazarán pulgones que viven en las hojas.

Las larvas comen y comen.
Crecen rápidamente. Se
despojan de sus exoesqueletos
varias veces. Se convierten en
crisálidas o pupas.

Una larva de mariquita come un pulgón.

Las crisálidas o pupas crecen y cambian dentro de una cubierta rígida. Salen del capullo cuando son adultas. Luego tienen alas. Las hembras pueden poner huevos.

Las crisálidas de abejorro crecen dentro de sus capullos.

23

Dónde viven los insectos

Los insectos viven en casi cualquier parte de la Tierra. En las selvas tropicales viven millones de insectos diferentes. Las orugas se alimentan de hojas de árboles de la selva tropical.

Las orugas son larvas. Esta oruga se convertirá en mariposa nocturna.

Las hormigas melíferas viven en el desierto. Estas hormigas obtienen alimento extra. Cuando resulta difícil encontrar comida, alimentan a sus compañeras de nido.

Los abdómenes de las hormigas melíferas se hinchan con comida.

¿Cómo viven estos escarabajos en el frío? Unas sustancias químicas especiales dentro de su cuerpo evitan que se congelen.

Este escarabajo de la corteza puede sobrevivir inviernos helados en Alaska.

Las luciérnagas se iluminan durante la noche en este prado.

Une las bocas

Algunos insectos toman líquidos con sus bocas. Otros mastican. Une los insectos de la página 28 con las imágenes de la página 29. ¿Cómo obtienen alimento con sus bocas?

Ninfa de libélula

Avispa de papel

Mariposa

Mosca doméstica

1.

Este insecto dispara su boca. ¡Mira cómo atrapa un pez!

2.

Este insecto bebe a sorbos el néctar de las flores.

La boca de este insecto es como una esponja. Se remoja en jugo derramado.

3.

4.

Este insecto mastica otros insectos y, con ellos, alimenta a sus hijos.

Verifica las respuestas en la página 31

Glosario

abdomen: la parte final del cuerpo de un insecto

antena: órgano que se encuentra en la cabeza de un insecto. El insecto huele y siente a través de las antenas.

crisálida o pupa: insecto joven en la etapa de la vida entre larva y adulto. Una crisálida no come.

despojarse: deshacerse de algo

exoesqueleto: cubierta exterior dura de un insecto

insecto: animal que tiene seis patas y tres partes principales del cuerpo cuando es adulto

larva: insecto joven que parece un gusano y se convierte en crisálida o pupa

ninfa: insecto joven que cambia gradualmente hasta convertirse en adulto. La ninfa parece un adulto pequeño pero no tiene alas.

oruga: larva de una mariposa o mariposa nocturna

tórax: la parte media del cuerpo de un insecto. Las patas y alas están unidas al tórax.

Más lectura

LIBROS

Piehl, Janet. *Flying Mosquitoes.*
Minneapolis: Lerner Publications Company, 2007.

Rockwell, Anne. *Bugs Are Insects.* New York:
HarperCollins, 2001.

Waxman, Laura Hamilton. *Monarch Butterflies.*
Minneapolis: Lerner Publications Company, 2003.

SITIOS WEB

Alien Empire
http://www.pbs.org/wnet/nature/alienempire/
Enter the world of insects, and see how they live
and survive.

Going Bug-gy!
http:teacher.scholastic.com/activities/bugs
Play games and learn more about amazing insects.

Respuestas para las páginas 28-29:
En el número 4 se muestra una avispa de papel.
En el número 1 se muestra una ninfa de libélula.
En el número 3 se muestra una mariposa.
En el número 2 se muestra una mosca doméstica.

índice

Agradecimientos de fotografías

Las imágenes presentes en este libro se reproducen con autorización de: © Royalty-Free/CORBIS, págs. 1, 2; © age fotostock/SuperStock, págs. 5, 7, 17, 22; © Francesco Tomasinelli/Photo Researchers, Inc., pág. 8; © Jeff Daly/Visuals Unlimited, Inc., pág. 9; © Paulo De Oliveira/Taxi/Getty Images, pág. 10; © Valorie Hodgson/Visuals Unlimited, Inc., pág. 11; © Jerome Wexler/Visuals Unlimited, Inc., pág. 12; © Hans Pfletschinger/Peter Arnold, Inc., págs. 13, 19; © Michael & Patricia Fogden/CORBIS, pág. 14; © George Grall/National Geographic/Getty Images, pág. 15; © Dwight Kuhn, págs. 16, 20, 23; © Bill Beatty/Visuals Unlimited, Inc., págs. 18, 26; © Dorling Kindersley/Getty Images, pág. 21; © Margarette Mead/The Image Bank/Getty Images, pág. 24; © Mitsuhiko Imamori/Minden Pictures, pág. 25; © Color-Pic, Inc./Animals Animals, pág. 27; © Bruce Coleman Inc./Alamy, págs. 28 (parte superior a la izquierda), 29 (parte superior a la izquierda); © Gerry Ellis/Minden Pictures, págs. 28 (al pie a la izquierda), 29 (al pie a la izquierda); © Stephen Dalton/NHPA/Photoshot, págs. 28 (al pie a la derecha), 29 (parte superior a la derecha); © iStockphoto.com/Phil Jackson, págs. 28 (parte superior a la derecha), 29 (al pie a la derecha); © iStockphoto.com/step2626, pág. 30; © iStockphoto.com/Dragan Krstic, pág. 31.

Portada: © Gail Shumway/Photographer's Choice/Getty Images (hormigas); © iStockphoto.com/Willi Schmitz (mariquita); © iStockphoto.com/Pavel Lebedinsky (escarabajo); © iStockphoto.com/Tomasz Pietryszek (avispa); iStockphoto.com/Chen Chih-Wen (mantis religiosa); © iStockphoto.com/Dirk Rietschel (mosca doméstica); © iStockphoto.com/Natasha Litova (abejorro).

Cuerpo principal del texto en Johann Light 30/36.